MW01171625

SOY QUIEN CRISTO DICE QUE SOY

MARY MCALLISTER

MINISTERIAS MARY MCALLISTER
PACIFIC, WA

Soy Quien Cristo Dice Que Soy

Por Mary McAllister

ISBN: 979-8-6407-1953-6

Las librerías / iglesias / distribuidores pueden comprar este libro a granel. Para detalles e información de contacto, visite: https://marymcallisterministries.com/bulk

Ministerias Mary McAllister
MaryMcAllisterMinistries.com

Impreso en los Estados Unidos de América.

Dedicatoria

Este libro es para cualquiera que alguna vez haya sentido que no era suficiente.

Tú eres suficiente. Estás hecho de forma perfecta y bella. No eres perfecto, pero tampoco lo eran ninguna de las grandes personas utilizadas por Cristo en la Biblia.

> Tú creaste mis entrañas; me formaste en el vientre de mi madre. ¡Te alabo porque soy una creación admirable! ¡Tus obras son maravillosas, y esto lo sé muy bien! (Salmos 139:13-14 NVI).

Mary McAllister

Tabla de contenido

Reconocimientos

Para mi mejor amigo, Rodrigo, eres el hombre más grandioso que he conocido. Me enamoro más de ti cada vez que respiro. Nunca sería la mujer que soy sin ti. Me animas en todo lo que hago y me haces sentir como la mejor mujer que jamás haya pisado la Tierra. No creía que el príncipe azul existiera fuera de los cuentos de hadas, pero me has demostrado que estaba equivocada año tras año.

Para mis hijos, ustedes son lo mejor que me ha pasado en mi vida. Veo muchas cualidades maravillosas en cada uno de ustedes que me recuerdan partes de su padre y de mí. Ustedes son muy divertidos y me hacen reír. Son tan amorosos y tienen corazones enormes, incluso después de todo lo que han pasado. Aman a los animales. Son inteligentes y creativos; son muy trabajadores. Son mejores padres de lo que nosotros fuimos y estoy muy orgullosa de ustedes. Todos ustedes tienen testimonios tan sorprendentes, que creo que el Señor los usará para bendecir la vida de los demás. Los amo a ustedes y a todos los nietos.

Para todas las personas en mi vida

Estoy agradecida por todos ustedes. Cada estación que vivo es un regalo del Señor. Algunas son positivas, otras no, pero todas me ayudan a aprender en el camino. Ahora veo la vida como una oportunidad. Cuando hay personas en tu vida que no puedes admirar y que no te inspiran a vivir bien, considera estas estaciones como una oportunidad para reflexionar y buscar un cambio para que no seas como ellos. Esa es una valiosa lección.

Introducción

Esta es mi historia de amor, la historia de cómo el amor del Señor restauró mi vida, una historia de amor de dos personas muy diferentes pero creadas el uno para el otro y, aunque el mundo y el sufrimiento nos rompieron a ambos, Dios nos unió y nos hizo mejores que nuevos. La nuestra ha sido una historia de cómo, aunque no sabíamos cómo ser padres, trabajamos juntos con el Señor y nos convertimos en buenos padres. A pesar de que se cometieron injusticias contra nosotros, aprendimos a perdonar, amar y orar por quienes nos hicieron daño. Ésta es una historia en la que una pareja nació en una gran pobreza, con poca escolaridad, pero comenzó a invertir en el Reino de Dios y Dios derramó sus bendiciones, apretadas, sacudidas y desbordantes (véase Lucas 6:38). Ha habido muchas pruebas y victorias en nuestra historia, pero el Amor siempre ha ganado.

"Ahora, pues, permanecen estas tres virtudes: la fe, la esperanza y el amor. Pero la más excelente de ellas es el amor (1 Corintios 13:13 NVI).

"El amor es paciente, es bondadoso. El amor no es envidioso ni jactancioso ni orgulloso. No se comporta con rudeza, no es egoísta, no se enoja fácilmente, no guarda rencor. El amor no se deleita en la maldad, sino que se regocija con la verdad. Todo lo disculpa, todo lo cree, todo lo espera, todo lo soporta. El amor jamás se extingue, mientras que el don de profecía cesará, el de lenguas será silenciado y el de conocimiento desaparecerá" (1 Corintios 13:4-8 NVI).

Capítulo 1

"Tú creaste mis entrañas; me formaste en el vientre de mi madre" (Salmos 139:13 NVI).

El viernes 7 de septiembre de 1979, una joven de dieciséis años dio a luz sola en un hospital de Tulare, California. Éste no era su primer hijo; su primer hijo nació cuando solo tenía catorce años. La hija a la que dio a luz ese viernes sería su bebé más grande, nacida con un peso de nueve libras y una onza. Tomé mi primer aliento ese día y comencé mi viaje por este mundo. Por supuesto, no tengo forma de recordar ese día o muchas otras cosas que sucedieron cuando era joven. Lo que voy a compartir con ustedes es mi testimonio: Las historias a seguir son el viaje de esa niña, luchando por entender lo que significa ser maravillosamente hecho con un propósito y buscando ser encontrado en Cristo a través de muchas dificultades en el camino.

Crecí escuchando que mi padre biológico fue al hospital el día de mi nacimiento, me miró y declaró: "Es fea, al igual que su madre." Luego se fue.

Que una chiquilla sepa que su padre la llamó fea es una forma de rechazo. No recuerdo mucho más durante mis años de infancia.

Mi madre se casó demasiado joven. Ella tenía catorce años y él veinticuatro. Se escaparon a México, porque ella ya estaba embarazada de mi hermana y tal vez el Estado iba a intervenir. No compartiré el testimonio de mi madre, aunque mi oración es que el Señor un día ponga en su corazón compartir lo que sufrió en su infancia. Cuando llegué yo, ella tenía dieciséis años, era esposa y madre de dos. Sin la ayuda de mi padre, vivió con la ayuda del gobierno durante la mayor parte de mi primera infancia. En un momento, estuvimos sin hogar y dormíamos bajo un naranjo. A veces, mi madre exprimía las naranjas en mis biberones porque no podía comprar leche. Decir que vivíamos una vida modesta es quedarse corto. Recuerdo que admiraba a mi madre. Ella era, y sigue siendo, la mujer más bella. Tiene una piel impecable y ojos azules abiertos, brillantes y cálidos, acentuados por cejas bien definidas. Durante su infancia, tuvo una bonita sonrisa y rizos largos y oscuros de un cabello grueso y ondulado.

Recuerdo que siempre nos amó y se esforzó por hacer que las cosas fueran agradables sin importar por lo que estuviéramos pasando. Cuando mi padre biológico no estaba en casa, la situación era bastante buena. Ella nos cocinaba y disfrutábamos el tiempo que pasábamos en familia. Todos dormíamos juntos en una cama. Después de que nací, hubo un bebé nuevo casi todos los años, y para cuando cumplí cinco años, mi madre tenía seis hijos con mi padre, tres niños y tres niñas. Los hermanos mayores ayudábamos en lo que podíamos. Recuerdo haber lavado pañales de tela. Para entonces, nunca sentí que nuestra madre nos tratara de manera diferente. Nos mostraba amor e hizo todo lo posible por cuidarnos y protegernos.

Mi padre era una historia completamente diferente. No sé qué lo convirtió en la persona que era. Todos tienen una historia. Nunca le fue fiel a mi madre y hubo muchas otras mujeres con las que incluso vivió en diferentes momentos. A menudo venía a nuestra casa únicamente para tomar el dinero de la asistencia social. En numerosas ocasiones, violó y golpeó a mi madre, a veces frente a nosotros. Hacía de nuestra casa un infierno y luego se iba corriendo con sus otras mujeres y drogas, dejando a nuestra madre para que se las arreglara con nosotros.

Recuerdo haber sentido desde pequeña que él no me

prefería a mí, pero sí a mi hermana y hermano mayores. Un día, cuando éramos muy jóvenes, mi hermana, mi hermano y yo decidimos que sería buena idea orinar afuera. Ellos lo hicieron, así que yo lo hice, pero yo fui la única a quien mi papá azotó y la única a la que envió a la habitación. Lo escuché decirle a mi madre que no me alimentara ni me dejara salir hasta que él volviera o la golpearía. Estuvo fuera por tres días y ella, por supuesto, me trajo comida. Debo haber tenido menos de seis años en ese momento.

Mi padre nos llevó a las casas de otras mujeres en varias ocasiones. No recuerdo sus nombres, pero una mujer tenía un hijo mayor y recuerdo que él se metió en problemas por haber tenido una conducta físicamente inapropiada durante una de nuestras visitas.

Yo tenía casi seis años cuando mi madre reunió el coraje para dejar a mi padre. Él trató de secuestrar a un par de mis hermanos y mi madre terminó con una gran cortada en el brazo por luchar para recuperarlos. Ella estaba muy asustada. Logró escapar, por la gracia de Dios, y fuimos a un refugio para escondernos de él. Recuerdo el cereal del refugio. Es tan extraño lo que recordamos. Me gustaba un cereal de copos de trigo glaseados y puedo verlo en su tazón desechable.

No hubo un día en que no pensara en cómo Dios nos

mantenía y nos protegía. Unos años más tarde, recibimos noticias de que mi padre asesinó a su novia mientras intimaba con ella en un baño portátil. La apuñaló tantas veces que su brazo colgaba de un hilo. Ahora está en prisión, no es elegible para libertad condicional y ha quitado otras vidas en prisión. Lo contacté una vez cuando era mayor para escuchar su versión de la historia. Dijo que la novia le había contagiado una enfermedad incurable y que por eso le quitó la vida. Luego me exigió que le escribiera tres veces a la semana porque se sentía solo. Nunca volví a escribirle y nunca lo haré. No le debo nada y alabo al Señor porque otros no serán puestos en su camino.

Recuerdo haber ido a la escuela dominical cuando era niña. La madre de mi padre era una mujer de fe sólida, y aunque no recuerdo mucho de ella, me dicen que me parezco a una de sus hermanas y mi nombre viene de una de las hermanas que fallecieron antes de que yo naciera.

Del lado de la familia de mi madre, mi Granny era la persona a la que pensé que más me parecía, aunque muchas personas dicen que mi madre y yo parecemos gemelas. Mi Granny era una mujer alta, más grande que la mayoría, pero bien proporcionada. Tenía nariz y barbilla pronunciadas, como yo, y ojos grandes. Fue una mujer de fe durante todo el tiempo que la conocí.

Se casó una vez, pero su esposo abusó de su única hija, lo que probablemente terminó el matrimonio. Nunca se volvió a casar y amó al Señor por el resto de sus días. Falleció a los noventa y cinco años.

Mi abuela soportó mucho en su vida, cosas por las que nadie debería pasar. Creo que eso tuvo un impacto en cómo crio a sus hijos. Mi abuela era hermosa. Era más baja que mi madre y mi Granny. Mi Granny y mi madre tenían aproximadamente la misma estatura, alrededor de cinco pies y siete pulgadas. Mi abuela era de unos cinco pies, una pulgada o menos. Me encantaba su esencia; siempre fue un personaje. No la conocí bien, pero estoy agradecida por el tiempo que pasé con ella. A lo largo de los años, mi madre, mis hermanos y yo nos quedamos con ella varias veces, cuando no teníamos dónde vivir.

Mi madre (a la izquierda) y su amiga.

Mi Granny con su Biblia

Mi abuela (la madre de mi madre)

La madre de mi padre (izquierda) y su hija (derecha)

Capítulo 2

"Aunque mi padre y mi madre me abandonen, el SEÑOR me recibirá en sus brazos" (Salmos 27:10 NVI).

El día que cumplí seis años, estaba emocionada por la idea de recibir algo solo para mí. Mi mamá me dio una bolsa de compras de plástico con un paquete de crayones nuevo y dos libros para colorear adentro, solo para mí. Yo estaba encantada. Vivíamos en un apartamento y la vida desde mi punto de vista era bastante buena. Recuerdo la mañana en que mi padrastro entró en nuestras vidas. Siempre nos despertábamos y nos metíamos en la habitación de nuestra madre, pero ese día la puerta de su habitación estaba cerrada. Más tarde, él salió de su habitación y, como casi todos los que conocimos, fue bueno con nosotros al principio. Simplemente estábamos emocionados de tener una figura paterna que no lastimaba a nuestra madre.

Después de unos años, nos mudamos a una casa grande en Fresno. Tenía una gran sala de estar en la parte delantera de la casa conectada a un comedor a través de puertas de vidrio. Mi padrastro la convirtió en una habitación para su banda, montó ahí su batería e invitaba a su hermano a tocar. Sospecho que mi madre comenzó a beber porque recuerdo el ambiente de fiesta durante esas sesiones improvisadas. Al principio, pensaba que mi padrastro era genial. Practicaba karate y estaba orgulloso de sus cinturones de diferentes colores. Eso nos hacía sentir orgullosos a nosotros también. Nos daba lecciones en su batería. Recibía gente y ellos bebían y tocaban música. A esa temprana edad, sentía que mi casa vivía de fiesta o era un club continuo, no que supiera exactamente qué era eso en ese entonces.

No recuerdo la primera vez que mi padrastro me golpeó. Estoy segura de que no fue tan serio al principio. Tal vez no hicimos nuestras tareas correctamente o algo así. Pero durante los pocos años que estuvo en nuestras vidas, se agravó. No recuerdo que mi madre haya sido disciplinaria durante este tiempo. Creo que eso puede haber motivado a mi padrastro a asumir el papel de un comandante militar, tal vez

pensando que iba a poner en forma a estos seis niños.
"Agarra tus tobillos y prepárate para una paliza" era
su método de disciplina y no sé la edad exacta que
tenía yo cuando me golpeaba. Sé que estaba en tercer
grado y caminaba sola a la escuela. Muchas veces nos
dijo que nos doblegáramos y nos agarráramos de los
tobillos, y nos daba cinco golpes con un cinturón tan
fuerte como podía, y si nos movíamos o gritábamos
cada vez, eso significaba cinco golpes más. Más tarde,
mi madre me dijo que tenía moretones desde las
rodillas hasta mi parte trasera por todos los golpes.
No fui la única que recibió azotes de esta manera,
pero las historias de mis hermanos son suyas para
contar.

No estoy segura de qué sucedió en su vida para llevar-
lo a golpear a un niño pequeño. Tal vez se lo hicieron
a él. Tal vez no estaba seguro de qué hacer al convertirse en padre de seis hijos tan rápido. Tal vez no
estaba seguro de cómo hacernos chicos buenos. Mi
padrastro comenzó a darnos lecciones de karate, y si
nos estaba enseñando defensa propia, eso podría
haber tenido sentido. Al principio, nos mostró mo-
vimientos de karate y luego comenzó a hacernos
pelear entre nosotros. Después de un tiempo, nos
obligaba a tener combates de boxeo frente a él y su
compañía, mientras bebían y apostaban por el gana-
dor. Mis hermanos y yo fuimos obligados a golpear-

nos y patearnos hasta que alguien sangraba o renunciaba. Es importante que los padres enseñen a los niños cómo resolver problemas y detener las peleas físicas, no provocar y entretenerse con chicos que se lastiman mutuamente.

Una noche quedó grabada en mi cerebro, con suerte no para siempre. Mi padrastro había estado bebiendo y se comportaba como un completo imbécil. Tenía que tener unos siete u ocho años en ese momento. Estaba hablando fuerte y actuaba como un bravucón. Incluso tomó carne cruda de hamburguesa del refrigerador y se la comió como un animal. No puedo recordar lo que dijo ni por qué, pero me dio una patada en el trasero con toda su fuerza de hombre. Si alguna vez te has caído sobre tu cóccix, sabes que te duele hasta lo más profundo. No te puedes mover. No te puedes sentar. Ni siquiera puedes respirar por unos momentos. Esa noche lloré mucho mientras trataba de dormirme para calmar el dolor.

Mi madre tuvo dos hijos más con mi padrastro. Para cuando cumplió veinte seis años, tenía un total de cuatro niñas y cuatro niños. No recuerdo que mi madre nos haya golpeado durante este período de nuestras vidas. Tuvimos algunas buenas Navidades en la casa grande de Fresno. Un año recibí un par de botas de gamuza que eran increíbles. Estaba emocionada de que ya no usaba tallas para niños. Siempre fui más grande que los niños de mi edad, así que incluso a los siete u ocho años, mis botas eran de talla cuatro o cinco para mujer. También recibí un Popple, un juguete de peluche que se convertía en una bola. Estaba muy feliz con eso. Mis juguetes favoritos entonces eran las Cabbage Patch Kids, los Garbage Pail Kids y los Ositos Cariñositos. Mi mamá me mencionó este año pasado cuando fuimos a patinar en mi 40 cumpleaños que había patinado de niña. No puedo recordar eso, pero ahora me encanta el patinaje sobre ruedas. Siento que soy libre y estoy volando. No puedo explicar completamente esa sensación. Mi madre me dijo: "¿No te acuerdas? En la casa grande, te compré patines para Navidad y los amabas. Patinabas todo el tiempo." Para ser honesta, no recuerdo eso, pero con todo lo que pasamos en esa casa, creo que Dios me permitió bloquear algunos recuerdos y, a veces, también se van los recuerdos buenos.

Uno de mis hermanos iba a la misma escuela que yo y le dijo a mi madre: "Oye, Mary tiene una pandilla que la sigue por la escuela." Mi madre simplemente respondía que tenía muchos amigos. Me gustaba hacer reír a la gente y entretenerla. Desde primero hasta sexto grado, tuve un problema del habla y recibí terapia del habla en la escuela. No podía pronunciar los sonidos con *r*, *s* o *th*.

Algunos días, cuando caminaba de regreso a casa de la escuela, soñaba despierta o rezaba, pidiéndole al Señor que por favor dejara que uno de los autos que pasaba me golpeara. No quería morir. Simplemente no quería volver a casa. Le temía a la caminata todos los días y a las cinco nalgadas que me esperaban en casa. A menudo me imaginaba a alguien que entraba y nos rescataba a mis hermanos y a mí de esta situación, pero eso no sucedió. Un día reuní el coraje para decirle a mi terapeuta de lenguaje que mi vida era como era y que quería irme. Ella vino a mi casa, habló con mis padres y de alguna manera se fue convencida de que la situación estaba bien. Una vez que se fue, mi padrastro, molesto porque lo había denunciado, me agarró por la oreja y me arrojó por el pasillo. Sentí un estallido en la oreja y me sangró un poco. Nunca volví a pedir ayuda. Finalmente, llegó el día en que mi madre dejó a este hombre atrás. No tengo idea de qué la hizo tomar esta decisión. Recogimos nuestras pertenencias a toda prisa mientras él no estaba. Tenía miedo de que él llegara antes de que pudiéramos irnos, pero muy feliz de escapar de esta casa y de este hombre.

Capítulo 3

"Y no solo en esto, sino también en nuestros sufrimientos, porque sabemos que el sufrimiento produce perseverancia; la perseverancia, entereza de carácter; la entereza de carácter, esperanza. Y esta esperanza no nos defrauda, porque Dios ha derramado su amor en nuestro corazón por el Espíritu Santo que nos ha dado" (Romanos 5:3-5 NVI).

Después de dejar a mi padrastro, nos quedamos con la hermana de mi madre y su esposo en Hanford. Vivían en una enorme casa de época en el campo y algunos de mis recuerdos más preciados de la infancia los tengo de su hogar. Tenían muchos animales y yo amo a los animales. Tenían perros, patos, gatos y gallinas. Tenían una perra chow marrón llamada Buttercup que mantenían atada a un almendro. Solía hablar con esta perra como si fuera mi mejor amiga.

Ella me dio afecto y nunca me traicionó compartiendo mis secretos. La casa estaba justo al lado de una zanja de riego y nadábamos en esta zanja. Había un lugar donde el agua corría sobre un trozo de madera, y si nos sumergíamos, podíamos pararnos en este lugar, debajo de la madera, y respirar porque había una bolsa de aire. Recuerdo que un día caminé hacia esta zanja y se me clavaron abrojos en los pies, y mi prima del medio me llevó a cuestas. "¿Qué pasa si se te clavan los abrojos?," le pregunté. Ella respondió: "Entonces me detengo y los saco." Me pareció increíble que fuera tan valiente.

Teníamos tres primos. El mayor pasaba la mayor parte de su tiempo con mi hermana. La prima del medio, con quien yo pasaba el tiempo, y el primo más joven. Éramos muy despreocupados y nos divertíamos mucho juntos. Teníamos clubes y aventuras. Hacíamos parodias u obras. Fingíamos que estábamos en una banda de música, con bailes y todo, y montábamos espectáculos para la familia. No teníamos muchas tareas y ocupábamos la mayoría de nuestros días explorando. Mi tío nos enseñó cómo pescar y cazar, a andar en motos todoterreno, ir de campamento y disparar armas. Ahí fue donde nació la pequeña marimacho en mí.

Mi Granny también vivía con ellos. Para ese entonces

ya era mayor. Recuerdo que usaba vestidos y tenía el pelo blanco que guardaba en un moño. A menudo jugaba con su cabello, desenrollándolo y viendo cómo se hacía más fino hacia las puntas. Tengo el mismo cabello fino, pero el mío no es blanco. Por mucho que trato de dejarme crecer el cabello, siempre deja de crecer, dejando algunos pelos finos en las puntas. Le pedía a mi Granny que me dejara pintarle las uñas, pero ella nunca quiso. Estaba en contra del esmalte de uñas o el maquillaje y pensé que era extraño. Ella leía constantemente su Biblia y nos enseñó a todos los niños el Padre Nuestro de memoria. Todavía lo tengo memorizado. La amaba tanto.

> Esto, entonces, es como deben orar:
> "Padre nuestro en los cielos, santificado sea su nombre, su reino venga, su voluntad se hará, en la tierra como en el cielo Danos hoy nuestro pan de cada día. Y perdónanos nuestras deudas, como también hemos perdonado a nuestros deudores. Y no nos lleves a la tentación, sino líbranos del maligno" (Mateo 6:9-13 NIV).

Por un tiempo, la vida en esta casa fue buena, pero luego mi madre fue arrestada por un corto período. Continuamos quedándonos con mi tía y mi tío. Recuerdo que la extrañaba. Una vez que salió de la cárcel, comenzó a pasar el tiempo con mucha gente nueva, salía con ellos y cosas así. Una noche llegó a casa con un hombre que tenía una tez más oscura y el cabello rizado más largo, recogido en una cola de caballo. Todos estábamos jugando como siempre, corriendo por la casa. Este hombre me agarró detrás de una puerta, me besó en la boca y me metió su lengua en mi boca. Yo estaba asustada. No sabía lo que debía hacer. Debo haber tenido menos de diez años. Le dije a los adultos de inmediato y mi tío reaccionó con ira, echando al hombre inmediatamente. Mi madre decidió irse con él.

Estaban borrachos y se fueron conduciendo. Justo calle abajo, se estrellaron y mi tío fue a ayudar a mi madre. Terminó con la mandíbula tan rota que tuvieron que ponerle alambres para mantenerla cerrada por un tiempo. Parecía que tenía frenillos y me parecía gracioso cuando ponía hamburguesas y papas fritas en la licuadora con su batido y luego tomaba sus comidas con una pajilla. Nuestra esta estancia en este lugar fue corta después de este evento.

El siguiente lugar donde vivimos fue un apartamento en Farmersville. Tenía diez años entonces, pero no me parecía a los otros niños de diez años. Tenía cinco pies, siete pulgadas de estatura, más alta que otros niños de mi edad e incluso mi propia hermana que era mayor que yo. Conocí a mi primera mejor amiga y ella me mostró la ciudad y me presentó a la gente. Conocí a una chica llamada Ángel que tenía quince años y ya tenía un hijo. Aquí es donde comencé a fumar cigarrillos y marihuana con mis amigos y uno de mis hermanos. También había niños que querían ser mis novios, lo que sea que significara eso a esta temprana edad. Esto comenzó algo que continuó por algunos años. Mi hermana mayor parecía hacer todo lo posible para llevarse a todos mis novios. Realmente nunca entendí por qué. Esto me llevó a preguntarme muchas veces, qué me faltaba para que quisieran dejarme por ella.

Un día, un hombre mayor, amigo de mi madre, estaba en nuestra casa y preguntó si podía llevarnos a mi hermano y a mí a disparar. Mientras estábamos en el campo disparando un rifle de aire comprimido, este hombre me dijo que me subiera a su auto con él, dejando a mi hermano disparando el arma solo. Él comenzó a decirme que tenía una granja con ponis y dijo: "Si me dejas tocarte y abrazarte, te daré un poni." Yo no era tan ingenua. Salí del auto para reunirme con mi hermano, y tan pronto como el hombre nos llevó de regreso a casa, le dije a otro hombre con el que mi madre salía. Golpeó al hombre mayor en la cara, salvándome de más abusos en ese momento. No tuve tanta suerte en el futuro.

Hubo varias situaciones en las que fui abusada e incluso violada cuando era niña. Además de la culpa que sentía por ser maltratada, a menudo me sentía ignorante por estar en situaciones en las que esto me podía pasar. Llevar la culpa del abuso es un peso que no se quita fácilmente del corazón y el alma. Una persona puede tratar de olvidar y guardar los recuerdos en algún lugar, pero algún día quedan al descubierto. Cuando mis propios hijos estaban creciendo, yo les decía: "Todas las cosas que se hacen en la oscuridad salen a la luz." Esta era mi forma de asegurarme de que supieran que incluso si las personas no veían sus acciones, sus acciones se conocerían de alguna manera.

Los apartamentos en los que vivíamos albergaban personas que parecían estar en pandillas. Llevaban pañuelos y hacían gestos de pandillas. Un día, cuando volvía a casa, un chico vecino me disparó en el muslo a corta distancia con una pistola de aire comprimido. El balín se quedó en mi pierna y tuvieron que sacarlo quirúrgicamente. Fue aterrador que te dispararan sin razón. A la larga, tuvimos un problema con esos vecinos y una noche rompieron nuestra puerta principal y atacaron a mi madre en nuestra sala de estar, mientras yo saltaba por la ventana trasera y cruzaba la cerca hasta la casa de mi mejor amiga para llamar a la policía. Nos fuimos de este lugar poco después.

No estábamos seguros a dónde ir a continuación, y mi madre terminó enviándonos a un par de mis hermanos y a mí a la casa de su madre. Pasamos un breve tiempo con nuestra abuela antes de regresar con nuestra madre. Mi abuela estaba saliendo con un hombre mientras nos quedábamos con ella y recuerdo haber bromeado con ella sobre él. Ella me dijo: "Un día conocerás a un hombre que te pondrá los pelos de punta." Como la había visto abrazarlo la noche anterior y quitarle el cabello que se le caía de encima, le respondí: "Pero abuela, a ti se te caen los pelos por él."

Ella vivía en un lugar para ancianos y trabajaba en una tienda de segunda mano en el local. Pudo haber sido lo que algunos llaman acaparadora, y tal vez adquirí un toque de ese gen porque me encantan las tiendas de segunda mano y coleccionar artículos. Pronto nos envió de vuelta en un autobús Greyhound a Goshen, donde mi madre se alojaba en un hotel.

Mientras estuvimos en esa habitación de hotel, mi madre no estaba en casa la mayor parte del tiempo. Sospecho que estaba pasando por un momento en el que parrandeaba mucho. Un día, por alguna razón, mi hermano y yo decidimos que nos iríamos caminando a la casa de mi tío y mi tía. Básicamente nos escapamos. Parecía que habíamos llegado lejos y que nos faltaba poco, pero cuando los policías nos recogieron, en realidad estábamos cerca del hotel. Esta fue una vez que mi madre me castigó. Me ató a la cama y le dijo a mi hermana: "No puede golpearte. Dale una paliza." Creo que se sintió mal por eso más tarde y terminó dejándonos ir a casa de mi tío. Para entonces, mis hermano y yo ya estábamos fumando, oliendo gasolina y tomando cerveza a escondidas. Yo tenía once años.

Capítulo 4

"Porque yo fui el que te conoció en el desierto, en esa tierra de terrible aridez" (Oseas 13:5 NVI).

Cuando finalmente regresé para estar con mi madre, ella vivía en Badger. Alquilaron una caravana bonita de doble ancho. En ese tiempo, pensaba que mi mamá era la mamá más genial porque nos dejaba fumar y beber. Supongo que ella sabía que íbamos a hacerlo de todos modos. Éramos bastante salvajes y estábamos fuera de control. Mi hermana se escapó de la casa muchas noches y yo me fui con ella varias veces, pero realmente no era lo mío. Si no iba con ella, me invitaba a dormir en su habitación, y su cama era mejor, así que, por supuesto, yo aceptaba. No se me pasó por la cabeza que ella estaba cubriendo sus huellas. Un día estábamos jugando y quemamos palabras en nuestra alfombra. Cuando el dueño se enteró, dijo que alguien tenía que irse o nos echarían a todos. Me fui a vivir con mi tía y mi tío nuevamente por un tiempo.

Cuando regresé, vivíamos en una casa diferente en la misma propiedad. Mi madre trabajaba mucho, ya que consiguió un trabajo en un restaurante. Las cosas no cambiaron mucho desde que me fui. Los chicos seguíamos siendo malos, aún fuera de control. Cuando los chicos son expuestos a temprana edad a cosas que no deberían saber, y no son supervisados, lo que sigue es el mal comportamiento. Me hice mi primer tatuaje en mi undécimo cumpleaños. Me lo hizo un hombre mayor en el parque de caravanas. Conocí a mi segunda mejor amiga durante este tiempo. La amaba a ella y a su familia, e iba a su casa cuando las cosas estaban mal en la mía. Parecían la familia perfecta. Había orden, no peleaban, había un horario y se esperaban cosas de ellos. En mi cumpleaños número doce, su madre me regaló un collar con mi piedra natal.

Un día estaba en casa preparando café al estilo vaquero con un amigo de mi madre en nuestro patio trasero. No teníamos electricidad, gas ni agua corriente y él me estaba enseñando a hacer café. Estaba en casa porque me expulsaron por pelear en la escuela. Unas personas aparecieron en la casa en una camioneta blanca y nos dijeron que recogiéramos nuestras pertenencias. Nos iban a llevar. Agarré ese collar y los muy pocos otros artículos que poseía. Fuimos a la escuela por mis hermanos. Nos llevaron a todos, excepto a los dos menores, y nos separaron, enviándonos a familias diferentes. Me dejaron a mí sola y me sentí tan fuera de lugar que no podía comer. Quería irme a casa y no quería una familia nueva. Pensé que tal vez estaría en este lugar por un corto tiempo, como una vez anterior cuando nos llevaron, pero ése no fue el caso esta vez.

A los chicos mayores se les permitió ir a la corte cuando el juez escuchó nuestro caso y escuché al juez decirle a mi madre que no nos iba a recuperar. También tuvo que entregar a los dos niños más pequeños. A esta orden, ella gritó: "¡No, no a los bebés!." Durante años eso me dolió porque pensé que quería que nos llevaran a nosotros, pero no a sus bebés. Ahora sé que no fue así. Le habían quitado tanto a ella y había soportado tanto en la vida que ella no sabía cómo sobrevivir sin sus hijos. Los bebés eran simplemente los dos con los que había podido quedarse y no sabía cómo podría sobrevivir sin ellos también. Le quitaron todo, dejándola totalmente sola y sin esperanza.

Finalmente, me colocaron en una casa con mi hermana menor por un tiempo. Los hermanos tenían visitas para verse y mi madre siempre hacía esas visitas. Me encantaban estas visitas, pero cuando la visita de una o dos horas terminaba, me arrancaban a mi familia una vez más. Es algo inmenso para una niña que simplemente quiere estar con su madre. Amaba mucho a mi madre, incluso con todo lo que sucedió.

Todos estábamos lidiando con los abusos de nuestro pasado de diferentes maneras. Algunos terminaron en buenos hogares que los ayudaron a convertirse en personas que funcionaban bien. Otros, desafortunadamente, sufrieron más. Pedí que me trasladaran cuando mi hermana de acogida me dijo que la madre de acogida había abusado sexualmente de ella cuando era niña. Me parecía que la madre de acogida estaba actuando de manera sospechosa con mi hermana pequeña y quería protegerla. Nos separaron. Me dejaron sola en un hogar de acogida con una mujer llamada Kathy. Ella me dio maravillosas experiencias navideñas y me animó a asistir a la escuela y esforzarme por ser todo lo que pudiera. Desearía haberla escuchado. Me escapé a los trece años para vivir con mi novio de dieciséis, no porque lo quisiera a él, sino porque deseaba volver a vivir con mi madre. Básicamente, estaba de mi cuenta cuando desestimaron mi caso más tarde ese año. Fumé metanfetamina por primera vez durante este tiempo.

Durante los años siguientes, mi novio y yo vivimos aquí y allá, a veces con mi madre, a veces con su familia o en nuestra propia casa. Me embaracé a los quince años. Me gustaría decir que no fue planeado, pero eso sería una mentira. Tenía muchas ganas de tener un bebé. Estaba en el noveno grado y fui a la escuela sintiéndome muy diferente de los demás chicos de mi edad, preocupados por la ropa, el baile de graduación, los eventos escolares y los chismes. Estaba allí, embarazada y con todo lo que había pasado y experimentado. Abandoné la escuela a los quince. Tuve una hermosa niña el 6 de noviembre de 1995, por cesárea. Ella pesó seis libras y trece onzas, pequeña y hermosa. Hice todo lo posible por ser su madre y siempre quise protegerla.

Mi relación con su padre se vino abajo cuando tenía diecisiete años. Después de eso, me volví loca probando todo tipo de drogas, y para cuando tenía dieciocho años, estaba consumiendo heroína y me arrestaron. Recuerdo que los oficiales de policía tomaron fotos de mis brazos y me sentí avergonzada de quién era. Cuando fui liberada, me registré en el refugio de mujeres Victory Outreach. Mi madre había estado en un refugio de mujeres para entonces, y le estaba yendo mejor de lo que jamás la había visto. Ella se quedó con mi hija y yo fui a la casa de rehabilitación; pude limpiarme y lo hice bien. Me fui antes de graduarme del programa, recogí a mi bebé y me fui a vivir con mi tía y mi tío. Ellos acababan de comprar una casa en

Farmersville cuando llegué. Conocía a algunas personas y mi hermano también se estaba quedando allí.

Me inscribí en un programa de asistencia social con trabajo, colgando placas de yeso para una empresa de construcción, lo cual disfrutaba al ser un poco marimacho. Me encontré con Ángel, a quien conocí durante mi infancia, y una noche, de camino hacia su casa, nos detuvimos para hablar con otro amigo, que resultó ser hispano. Dos chicos llegaron y un tipo bajo y de piel oscura en bicicleta dijo: "Oye, mi primo dijo que le gustas." Miré y me reí: "No, gracias." Mi amiga quería salir con el otro chico, así que fuimos a un parque. Una vez que llegamos allí, el primo me dijo: "Te amo, señorita." Le dije a mi amiga que me iba, que este tipo estaba loco. Mientras nos alejábamos, los demás me dijeron que el chico nunca tuvo novia. Eso me hizo sentir un poco de pena por él, así que le di una oportunidad.

Se llamaba Rodrigo, un hombre muy moreno y delgado de México que medía unos cinco pies y una pulgada. No hablaba inglés aparte de "Te amo, señorita." Durante las siguientes semanas, vino a buscarme a menudo y pasamos una buena cantidad de tiempo juntos. Le alquilaba una habitación a mi amiga Ángel, quien estaba casada y vivía con su primo. Resultó que Rodrigo me había estado observando durante un tiempo cuando iba a ver a Ángel. Nunca lo noté. Como ella alquilaba algunas habitaciones a la familia de su esposo, no le presté atención. Después de haber estado viendo a Rodrigo por un tiempo, un día pasé por su casa y en el patio delantero había una piscina y un par de chicas bebiendo. Una de ellas le rogaba a Rodrigo por un beso. Me quedé escondida para ver qué hacía, y él no cedió ante su pedido. Ese fue el momento en que vi algo especial en él. Hasta este punto, todos los hombres de mi vida me habían decepcionado. Había perdido la confianza en todos los hombres. Que él estuviera ebrio y provocado y que aun así no cediera a la solicitud de esa mujer fue sorprendente e interesante para mí.

Nos habíamos estado viendo por unos dos meses cuando mi madre llamó para decirme que, si no venía a vivir con ella, enviaría a las autoridades para que me quitaran a mi hija. Hice que mi amiga le dijera que me iba. Me encontró y me rogó que me quedara y me casara con él. Acepté y mientras vivía con él, noté que mantenía sus maletas llenas de efectivo para ir a México. Su plan era regresar.

Pronto, nos embarazamos con nuestra hija. Ella también fue planeada, ya que yo tenía una gran fiebre por tener bebés. Teníamos nuestro propio hogar y nos iba bien juntos. El 17 de junio de 1999 nació mi hija, con un peso de seis libras y doce onzas y media. Ella era hermosa. Trabajé duro para tener una familia normal para mis hijas. Todavía fumaba cigarrillos y hierba de vez en cuando, y bebía en ocasiones. Aunque Rodrigo era un buen hombre y se preocupaba profundamente por mi primera hija y nuestra bebé nueva, era alcohólico. Incluso si quería dejar de beber, no podía. Había estado bebiendo desde muy joven.

Mi bebé nueva solo quería amamantar. No tomaba del biberón, así que tenía que darle pecho. Cuando ella tenía ocho meses, llamaron a la puerta y era un oficial de policía que estaba allí para ejecutar una orden de arresto. Me habían arrestado varias veces antes, y en realidad me estaba yendo mejor, pero algunos cargos viejos habían vuelto a aparecer. Los oficiales me esposaron y me llevaron, dejando a mi infante y mi bebé con Rodrigo, que nunca había preparado un biberón porque nuestra hija los rechazaba. Estuve fuera de casa por más de una semana y sufrí por ser una madre lactante lejos de mi bebé. Rodrigo fue con algunas damas de su familia y le mostraron cómo mezclar la fórmula de un biberón. Me sorprendió mucho la noche que volví al ver que había asumido el papel de padre. Estaba feliz de verme y no estaba enojado porque mi comportamiento en el pasado había causado el arresto.

Rodrigo no sabía leer ni escribir. De pequeño, lo obligaron a trabajar en el campo para ayudar con las necesidades de su familia. No tuvo la oportunidad de ir a la escuela. Y a pesar de que ahora bebía mucho, como resultado de sus dificultades iniciales, hicimos que nuestra relación funcionara. Visité a mi madre y ella se preguntaba por qué hablaba de Rodrigo justo en frente de él. Él no entendía inglés y yo no sabía español, pero aprendimos juntos con el tiempo señalando o tratando de explicar.

Yo justo antes de que nos quitaran de mi mamá

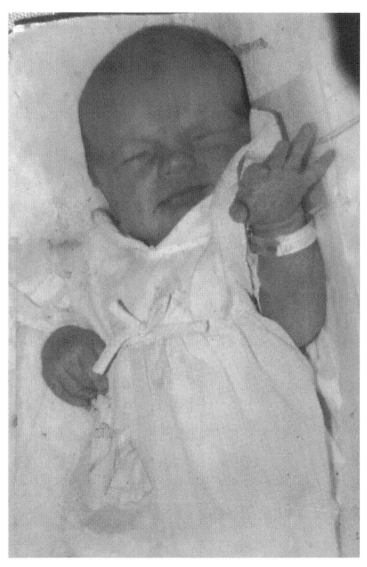

Mi primera hija nacida

Rodrigo y yo

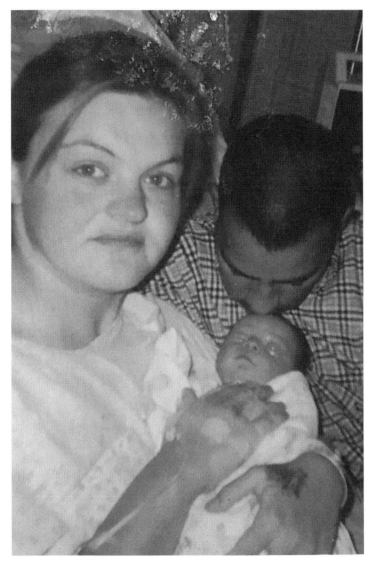

El día en que nació mi segunda hija

Capítulo 5

"Entonces el SEÑOR les habló desde el fuego, y ustedes oyeron el sonido de las palabras, pero no vieron forma alguna; solo se oía una voz" (Deuteronomio 4:12 NVI).

Rodrigo y yo tuvimos un hijo poco después de nuestra hija. No fue planeado como las niñas, pero era el plan perfecto de Dios. Nació el 2 de abril de 2001, con ocho libras y seis onzas. Nuestro hijo nació con una obstrucción estomacal y tenía un mes cuando fue llevado a cirugía de emergencia. Era tan pequeño que las enfermeras ni siquiera podían ponerle una vía intravenosa en las venas. Fue desgarrador verlas clavar agujas en la cabeza de mi nuevo bebé. Lo hicieron pasar tres días sin comida ni agua mientras su estómago e intestinos se curaban. Lloraba pidiendo comida y no había nada que pudiera hacer más que abrazarlo y cantarle. Estaba aterrorizada de perder a mi bebé.

Me esterilizaron cuando nació. Después de tres cesáreas, él era mi último hijo. Una de las motivaciones para este plan era querer asegurarme de poder mantener a mis hijos porque venía de una familia numerosa que luchó por satisfacer nuestras necesidades. Rodrigo y yo trabajamos duro para cuidar de nuestra pequeña familia. Yo trabajaba el turno nocturno en Jack in the Box y Rodrigo trabajaba en los campos durante el día. No teníamos a nadie que nos ayudara con el cuidado de los niños o las finanzas. Rodrigo era bueno con mi primera hija. La trataba como si fuera suya y yo estaba agradecida por eso, ya que ella no conocía a ningún otro hombre como su padre.

Poco después de que mi segunda hija cumpliera dos años, contrajo una enfermedad con vómito sanguinolento y diarrea. Tenía mucho miedo y no sabía qué hacer. La llevé rápidamente a la sala de emergencias y le diagnosticaron Shigella. Cuando usaba el baño, parecía que toda su sangre y tejidos internos se le salían; recuerdo haber pensado que a mi hija se le estaban saliendo las entrañas. La pusieron en cuarentena y finalmente mejoró.

Un día fuimos a la casa de una hermana para comprar

un columpio. La mujer era de la Iglesia Victory Outreach a la que mi madre había estado asistiendo. Mientras estábamos allí, la madre de la mujer nos dijo a Rodrigo y a mí en español: "Ambos servirán a Dios de una manera excelente en una tierra diferente, no aquí, en una tierra diferente." Sabía acerca de las profecías porque había estado entrando y saliendo de la iglesia mientras crecía. Rodrigo pensó que ella era adivinadora. Pensamos que tal vez iríamos a México, sin saber lo que vendría por nosotros.

Poco después de que mi Granny muriera, estando sentada en la iglesia en su funeral, escuché que Dios me llamaba mientras pensaba en cómo mi Granny sirvió al Señor todos sus días. Admiraba eso, pero allí sentada sabía que cuando entregara mi vida a Cristo, sería de verdad, no quería ser la persona que sale de la iglesia para encender un cigarrillo y vivir de la misma manera. Simplemente no estaba lista para ese cambio. Al mismo tiempo, Dios estaba usando a un hombre en una clase que Rodrigo estaba tomando para hablarle acerca de Cristo.

Desafortunadamente, aún no era nuestro momento de venir a Cristo. Reincidí en fumar metanfetamina cuando mi hijo tenía aproximadamente un año. Llevé a Rodrigo a esta adicción a las drogas conmigo y juntos perdimos todo. Nuestro hogar, nuestros amigos y, finalmente, nuestra relación cuando nos separamos. Nuestra relación se había vuelto tan tóxica que se volvió física y, en un momento, apunté mi rifle calibre veintidós hacia él y luego hacia mí. Me quedé con nuestros hijos mientras caía sin nada que me detuviera. Él se mudó a Seattle. Me sentía destrozada y drogué a mis hijos inocentes junto conmigo misma en el mismo patrón que viví cuando era niña. Quise quitarme la vida muchas veces durante este período. Me dormía todas las noches pensando en la persona terrible que era, la madre horrible e inútil que era, y me prometía que al día siguiente sería diferente. Al día siguiente, lo único que lograba hacer era descubrir cómo drogarme. Hubo demasiadas noches como ésta para contar.

Estuve separada de Rodrigo por un año. Él me llamaba y me enviaba dinero. No quería volver con él como me lo pedía porque sabía que nunca sería una relación saludable. Habíamos pasado por demasiado. Sería un desastre de peleas y desconfianza. Luego fui desalojada del lugar donde vivía, con poco tiempo para irme. Comencé a ver los vehículos del Estado pasando por mi casa y sabía que podrían llevarse a mis hijos cualquier día. Decidí que el mejor plan para ellos era llevarlos con Rodrigo. Él estaba mejor e iba a la iglesia. Cuando recibí mi cheque de asistencia social el primer día del mes, cargué a mis tres hijos en

un autobús Greyhound con dos bolsas y tres almoha-
das y me dirigí a Seattle. Hice que Rodrigo consi-
guiera su propio apartamento para que viniéramos.
Mi mamá nos llevó a un lugar de hamburguesas en la
ciudad y nos dejó en el autobús. Ella no quería que
me fuera, pero no tenía otras opciones. Recuerdo ese
viaje en autobús como el más largo de mi vida, tal vez
estaba pensando en lo que vendría o en mis tres pequeños hijos inquietos. Cuando tengo problemas para
dormir, incluso ahora, recuerdo ese paseo y mi deseo
de tener una cama para acostarme.

Cuando llegué a Seattle, Rodrigo me recogió. Se veía
diferente y estaba feliz de verme. Comentó que estaba
delgada. Había perdido tanto peso por los años de
consumo de drogas. Mis mejillas estaban hundidas y
mis ojos tenían ojeras. Nos llevó a su apartamento, un
lugar de una habitación en un segundo piso. No era
muy agradable, pero era nuestro. Para ser honesta,
sentía que era temporal porque no veía que esto pudiera funcionar.

En mi vigésimo quinto cumpleaños, Rodrigo me
llevó a su iglesia. Como llevaba ropa demasiado reve-
ladora para un lugar de culto, le pregunté si mi
atuendo estaba bien y él aprobó mi elección de vesti-
menta. Entonces, fui a la iglesia con mi cabello rubio
decolorado, sombra de ojos azul brillante, pantalones

ajustados con una raja en los muslos y un top que se entrelazaba en la parte delantera. Cuando llegamos a la iglesia, me molesté. Me di cuenta de que estaba entrando en un lugar del Señor con todas estas adicciones. Parte de mi emoción ese día fue causada por el enemigo que estaba molesto porque yo estaba en ese lugar. Luego, las otras mujeres llevaban vestidos largos, sin maquillaje y velos cubriendo sus cabezas. Y Rodrigo me dejó sola porque las mujeres se sentaban a un lado del santuario y los hombres al otro.

¡Estaba fúrica! Me levanté para irme, y habría caminado a nuestro apartamento, pero no tenía idea de dónde estaba. Todo lo que quería era salir de allí. Una hermana me siguió fuera de la iglesia y algunas de ellas se me acercaron, tratando de razonar conmigo. Le dije a una dama que se me quitara encima y ella respondió preguntando si podía orar por mí antes de irme. La dejé y luego Rodrigo nos llevó a casa. Estaba furiosa porque él no me dijo cómo vestirme para la iglesia. Me dejó ir con esa ropa y en mi cumpleaños. Empecé a empacar apenas llegamos a casa. Le dije que se quedara con los niños; que yo me iba.

Cuando estaba empacando, terminé en la esquina de la habitación, doblada sobre mí misma y llorando profundamente. "Voy a probar tu iglesia una vez más," le dije.

Uno de mis puntos más bajos antes de venir a Seattle

Capítulo 6

"Vengan a mí todos ustedes que están cansados y agobiados, y yo les daré descanso. Carguen con mi yugo y aprendan de mí, pues yo soy apacible y humilde de corazón, y encontrarán descanso para su alma. Porque mi yugo es suave y mi carga es liviana" (Mateo 11:28-30 NVI).

Poco después de comenzar a asistir a la iglesia más regularmente, Rodrigo y yo fuimos a un retiro matrimonial. Durante este retiro, como un ejercicio para fortalecer nuestra relación, los líderes nos pidieron que escribiéramos todo lo negativo que nos guardábamos de nuestro cónyuge. Luego tomamos este papel, lo quemamos y luego lo enterramos. Se nos indicó que nunca volviéramos a pensar o hablar de estos temas. Creo que participamos en esta actividad de todo corazón. Uno de mis mayores temores era que nunca viviría más allá de mis errores, pero después de ese retiro matrimonial, hasta el día de hoy, nunca escuché a mi esposo mencionar mis errores pasados.

El 12 de diciembre de 2004, fui bautizada en el nombre de Jesús junto a mi esposo. Dios hizo una gran obra en nosotros durante los años siguientes. Si le pagaran por hora, a Dios le hubieran pagado el doble por el trabajo que hizo en nosotros. Lo imagino poco a poco eliminando nuestras identidades pasadas como pareja y como individuos. Los dos estábamos llegando a los pies del Señor, sobrecargados con el equipaje y la basura que el mundo nos había dado.

Primero, estaba el equipaje de la adicción. Tenía veinticinco años cuando me bauticé y había fumado desde que tenía diez años. No tenía problemas para fumar más de un paquete de cigarrillos al día. Rodrigo había estado bebiendo cerveza desde que era un niño muy pequeño trabajando en los campos en México. Ambos habíamos estado consumiendo otras drogas, siendo la metanfetamina la droga más reciente que gobernaba nuestras vidas. Abandonamos nuestras adicciones de un solo golpe y nos preparamos para las consecuencias físicas y emocionales. Aparecieron erupciones en todo mi cuerpo, incluso en las palmas de las manos y la planta de los pies. Poco después de las erupciones, me apareció acné en toda mi cara y por la espalda mientras el veneno salía de mi cuerpo. Durante los primeros meses en Seattle, no pude dormir lo suficiente. Me deprimí y, en ocasiones, fui irracional. No había razón alguna, a veces podía ir de cero a sesenta en un segundo. Rodrigo ya había pasado por algunos de los síntomas de abstinencia durante su tiempo en Seattle antes que yo, y me apoyó mucho durante este tiempo oscuro.

Una vez que pasamos lo peor del abuso de sustancias, el Señor se puso a trabajar en nuestro amor mutuo. Esto no resultó ser una tarea fácil para nosotros, y para ser honesta, es un trabajo que no terminará. He aprendido a amar a mi esposo más cada día que pasa. Para ese entonces, recién reencontrados y recién bautizados como nuevos cristianos, teníamos un largo camino por recorrer. Ninguno de los dos tenía el ejemplo en nuestras vidas de un matrimonio saludable y amoroso para inspirarnos y dar forma a nuestra relación. Todo lo que sabíamos era que habíamos pasado por muchas cosas juntos (barreras del idioma, abuso de sustancias, separación) y aún queríamos estar juntos.

Dios comenzó a mostrarnos cómo amarnos mutuamente de una manera completamente nueva. La Biblia dice que un cordón de tres hilos no se rompe fácilmente. En un matrimonio, puedes amar a alguien y, si todo va bien, permanecer juntos. Con Dios en un matrimonio, Él puede tomar un matrimonio destruido y restaurarlo para su gloria. Aunque Rodrigo no tuvo un ejemplo en su vida de cómo ser un buen esposo o padre, se ha convertido en el mejor de todos. Fue paciente conmigo en tiempos de transición. Habría muchas cosas más con las que yo tendría que lidiar, que no eran tan evidentes. Desde el principio, le pedí sinceramente a Dios que me guiara en todo lo que hacía; le pedí al Espíritu Santo que me guiara. En la primera parte de mi vida en la iglesia, todavía tenía muchos problemas en mi corazón que debían eliminarse. Pronto, sentí lo que llamo un espíritu provocativo que me llevo a vestirme para atraer a otros. Siempre me ha gustado arreglarme. Cuando íbamos a la corte cuando éramos niños, usaba trajes, y mi familia y otras personas decían que me parecía al abogado. Pero esto era diferente. Me estaba distrayendo del Señor. Reconocí esto, y en el altar del santuario, le pedí a esa misma hermana que me siguió afuera ese primer día que orara por mí. Reconocer un problema, orar para deshacerse de él y buscar ayuda son pasos cruciales en nuestras vidas espirituales.

Todavía me gusta arreglarme; sin embargo, ahora me visto para representar al que habita en mí y me visto para representar a mi esposo. He encontrado un estilo de ropa que me permite mostrar mi amor por la moda y mi amor por el Señor y mi esposo, porque necesitaba comenzar a actuar como la mujer que fui inspirada a ser en Cristo. Muy pronto, si nos vestimos y conducimos nuestras vidas en alineación con nuestra nueva identidad, comenzamos a creer que estamos transformados en Cristo y otros también comienzan a vernos de esa manera. No podría alcanzar mi propósito sin dar pasos en esa dirección. Eso significaba practicar ser esa persona, incluso cuando no lo sentía. Descubrí que es especial poder vestirme de manera santa y distinguirme. Una canción que amo, "Refiners Fire", dice: "El único deseo de mi corazón es ser santo, reservada para ti, mi Maestro, lista para hacer tu voluntad." Este realmente es mi deseo y, honestamente, me siento más hermosa que nunca en toda mi vida.

Rodrigo y yo bromeamos acerca del tiempo en que me entristecía porque no tenía ropa para la iglesia. Sus palabras para mí en ese momento fueron: "No te preocupes. Algún día tendrás un armario lleno de ropa." Trabajó duro haciendo revestimientos para techos durante años después de eso, y luego comenzó a trabajar para una empresa que pintaba casas. Se convirtió en un gran proveedor para nuestra familia y, aunque no teníamos muchos fondos adicionales, siempre tuvimos lo que necesitábamos. Nunca aspiramos a ser ricos; simplemente queríamos satisfacer nuestras necesidades y estar juntos.

Nuestro enfoque era ser los padres que nunca tuvimos para nuestros hijos. Los llevábamos a la iglesia y vivíamos nuestras vidas como un ejemplo para ellos. No podíamos deshacer lo que ya habíamos hecho en nuestras vidas, pero podíamos mejorar para ellos. Nos volvimos demasiado protectores. No se les permitía pasar la noche en las casas de amigos, ni siquiera en las de los miembros de la iglesia. No se les permitía salir con amigos después de la escuela. Queríamos protegerlos de lo que vimos y vivimos. Cuando mi hija del medio tenía dieciséis años, estaba molesta con nosotros, diciendo que sentía que éramos demasiado estrictos. Me senté allí en el auto en un semáforo en rojo, la miré y le expliqué: "¿Sabes?, toda mi vida hubiera dado cualquier cosa por un padre que realmente se preocupara por mí y lo que estaba haciendo, y tú tienes dos."

Los niños crecieron tan rápido, y ha habido ocasiones en que desearía poder regresar y tomar mejores decisiones como madre. Pero nadie puede regresar. No hay un libro y, cuando no tienes idea de lo que estás haciendo, tomas las decisiones equivocadas. En tiempos difíciles, tuve problemas para comunicarme con mis hijos cuando me decepcionaban. Nunca tuve ese ejemplo cuando era niña. Rodrigo fue quien trataba de razonar con ellos y ayudarlos a ver que lo que hicieron estaba mal. Él entraba y les hablaba solo. Alabo a Dios porque envió a nuestros hijos el padre que ninguno de los dos tuvo.

Rodrigo llegó a tener tanto amor y devoción al Señor. No esperaba eso y lo admiraba. Fue criado como católico y no tenía a nadie en su vida que se dedicara al Señor, como yo tuve a mi Granny. Aprendió a leer solo para poder leer la Biblia, y le encantaba estudiar. Dios lo usó para alentarme a seguir adelante cuando se me hacía difícil, e hice lo mismo por él. Nuestro amor continuó creciendo, mientras reconstruíamos nuestras vidas con nuestros hijos y entre nosotros, con la dirección de Dios.

Nosotros en el retiro matrimonial

Rodrigo y yo a punto de ser bautizados

Mi bautismo

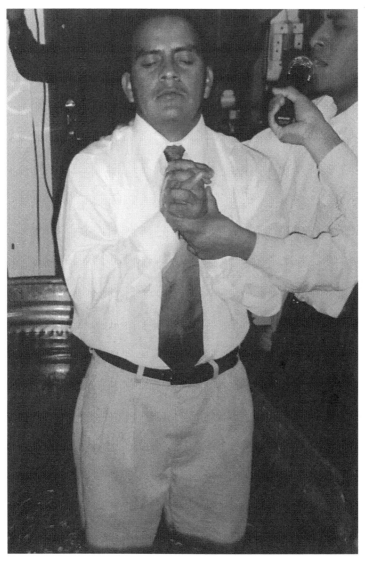

Bautismo de Rodrigo

Dedicar a nuestros hijos al Señor

Nosotros comenzando iglesia

Capítulo 7

"El corazón humano genera muchos proyectos, pero al final prevalecen los designios del SEÑOR" (Proverbios 19:21 NVI).

Una hermana en Cristo vino a sentarse a mi lado en la iglesia un día. Ahora recuerda que una vez le dije: "Está bien. Puedes regresar y sentarte con tu familia." Me costaba mucho conectarme con las personas a un nivel más profundo. Debido a que todos y todo lo que me importaba me habían sido arrebatados hasta ese momento, tenía una forma de autodestruirme, no acercarme demasiado a nadie. También hice esto en mi matrimonio. Cuando ella vino a sentarse a mi lado en la iglesia, me costaba sentirme como las otras mujeres; me sentía muy sola. Dios me envió a esta tercera mejor amiga a mi vida y ella se dedicó a romper mi caparazón, y estoy agradecida con Dios y con ella por eso.

Mi nueva mejor amiga y yo comenzamos a salir a ver conciertos y eventos de predicación. Ella estaba soltera y, aunque yo no lo estaba, Rodrigo me animó a disfrutar estos momentos. Él cuidaba a los niños y me daba dinero para ir. Mi amiga y yo comenzamos a ser hermanas espirituales de una manera que fue realmente designada. Nos dábamos regalitos y tarjetas, y eso era justo el estímulo que necesitaba. Hasta el día de hoy, ella es mi amiga más cercana, aparte de Rodrigo. No soy la persona más fácil a quien acercarse porque tengo mis defensas activadas, pero ella siempre me levanta y me alienta en todo lo que hago.

Dios me bendijo con otra hermana, a quien llamo mi madre espiritual. Ella y su esposo nos llevaron a Rodrigo y a mí a estudios bíblicos. Comenzamos a servir en nuestra iglesia. De alguna manera, ser usada para el Señor trajo un sentido de valor a mi vida que nunca había experimentado. En mi corazón, escucho una canción: "Si puedes usar cualquier cosa, Señor, puedes usarme a mí." En toda mi vida, nunca tuve ningún propósito y no sentía ningún valor. A menudo sufría de depresión y ansiedad. Cuando comencé a poner todo mi corazón en mi ministerio al Señor, no experimenté depresión como antes. Servir a Dios me dio importancia y valor.

Comencé a enseñar las clases para niños, y en cada

clase, puse todo mi corazón. Traía una lección, una manualidad y un refrigerio que coincidían con el tema de la lección. La primera lección que enseñé fue la separación del mar para que los israelitas cruzaran. Hice que los niños dibujaran la escena con crayones y luego les indiqué que usaran pinturas de acuarela sobre el crayón, sabiendo que el dibujo brillaría. Preparé gelatina con dulces de pescado adentro. Enseñé la clase de niños durante años y llegué a amar a los niños de la clase.

Estaba en el equipo de alabanza de la iglesia, ya que me encantaba cantar y me inspiraba a aprender más. Me encantaba ser acomodadora e incluso serví como acomodadora principal junto a mi esposo durante años. Comencé a ser utilizada por el Señor en la junta de mujeres en nuestra iglesia local, y creábamos eventos y organizábamos fiestas, como *baby showers*. Me di cuenta de que tenía un don para la coordinación de eventos. No tengo idea de cómo. Las ideas simplemente me llegaban. En una reunión una vez, dije: "¿Por qué estamos comprando manteles de plástico? Deberíamos hacer algunos y reutilizarlos." Poco después, mi mejor amiga se iba a casar y mi hija tenía su quinceañera. Mi mejor amiga comenzó a buscar decoraciones, fundas para sillas y mantelería. Hice lo mismo y decidí comprar artículos para la fiesta de mi hija y luego alquilarlos en Craigslist.

Comencé a suministrar artículos de fiesta para eventos en Craigslist. Al mismo tiempo, usé los artículos para eventos de la iglesia de forma gratuita, por supuesto. Fui muy bendecida al ser utilizada.

En un momento, mi esposo dijo: "¿Por qué haces esto? Nadie hace nada por ti", y dije que no era para que la gente me retribuyera, porque confiaba en que Dios conocía mi corazón y me bendeciría. Vimos que esto sucedió cuando algunas mujeres en Craigslist nos contactaron. "Veo lo que estás haciendo para las bodas. Ya he comprado todas mis cosas para mi boda. Si vienes a acomodarlas, te regalaré mis decoraciones." Comencé a coleccionar muchos artículos, bendecida por mi trabajo con regalos de flores y jarrones. En poco tiempo, tuve un negocio de decoración que llamé "Christian Girls Events." Fuimos en familia a decorar eventos para iglesias y para otros fuera de la iglesia. Comencé a ser utilizada en los eventos del distrito de asamblea para campamentos, para un día anual de los obispos y varios otros eventos. La gente llegó a saber quién era yo. Dios estaba en todas estas circunstancias porque yo era una don nadie sin esperanza antes de caer a sus pies y comenzar a ser transformada.

Esos días crearon algunos de mis mejores momentos con mis hijos. Mi esposo y yo estábamos dedicados a ser los mejores padres que podíamos ser. Trabajamos duro para inculcar una buena ética de trabajo a nuestros hijos y una dedicación al Señor. Comenzamos a ver estas cualidades en sus vidas. Amaban la iglesia y desarrollaron relaciones cercanas con otros niños.

Hubo momentos en los que tuve dificultades en mi vida en la iglesia con otras hermanas. La gente decía cosas sobre mí, como: "Ella es buena, pero no tan espiritual." Eso me afectó. Era una persona nueva en Cristo y sentía que la gente juzgaba mi relación con el Señor. Esto fue difícil y una buena lección; los niveles espirituales no son algo que una persona pueda conocer por lo fuerte que otra ora, o por cuánto ayuna o practica otras disciplinas espirituales. Un verdadero vínculo espiritual con el Señor se lleva a cabo a puerta cerrada, en momentos puros e íntimos compartidos solo con Jesús. Esos comentarios me hicieron sentir insegura sobre mi relación y conexión con Dios, pero comencé a ver cómo Dios me habló claramente cuando bloqueé las opiniones de los demás sobre mí. Fue entonces cuando comencé a ver claramente quién dice Cristo que soy.

Un día, cuando vivía una fuerte lucha con sentimientos de no pertenecer con las otras hermanas en la iglesia, comencé a meditar con el Señor. Dios me mostró que todos somos centavos. No entendí de inmediato. Él tuvo que guiarme a través del mensaje. Si consigo cien centavos en el banco, abro el rollo y los miro, ninguno de esos centavos será igual. Algunos son nuevos, otros viejos, otros brillantes y otros manchados. Algunos tendrán mugre y otros incluso estarán astillados, o les faltará parte de sus bordes. Pero todos son un centavo. Del mismo modo, como personas, todos tenemos el mismo valor, sin importar nuestra edad, sin importar lo que hemos pasado o lo que traemos con nosotros o lo que nos quitaron. Todavía valemos un centavo entero. Hoy en día no podemos hacer mucho con un centavo, pero si todos trabajamos juntos, podemos lograr mucho.

Rodrigo y yo trabajamos como ujiers

Me encanta cantar para Dios

Capítulo 8

"Pero yo te restauraré y sanaré tus heridas—afirma el SEÑOR—porque te han llamado la Desechada, la pobre Sión, la que a nadie le importa" (Jeremías 30:17 NVI).

Nuestra iglesia pronto recibió un nuevo pastor con su familia; esto fue un gran cambio, pero me gustan. Tenían una visión más realista de las cosas y Dios los usó de maneras asombrosas en la vida de mi familia. No nos dimos cuenta de la profundidad de la bendición hasta que cambiamos de iglesia después de que se fueron en una gira de misión. Nos enseñaron a dar a Dios y al reino. Alentaron a mi esposo, un hombre que aprendió a leer leyendo la Biblia, a ir a la universidad bíblica. Finalmente él obtuvo un título técnico en una universidad bíblica. Estaba muy orgullosa de él.

Comenzamos a tener una relación muy cercana con la familia del pastor y pasamos las navidades con ellos. Estábamos sirviendo en la iglesia e incluso comenzamos un grupo de estudio en nuestra casa. Nos animaron a convertirnos en diáconos y así lo hicimos. También nos animaron a asistir a un retiro espiritual. En el retiro, estaba molesta con ellos porque separaron a los participantes, haciéndome sentir que decían que no era lo suficientemente espiritual, lo que hizo resurgir viejos sentimientos. ¡Pero estaba totalmente equivocada! Nos separaron para darnos tiempo uno a uno con el Señor.

En una sesión, como ejercicio de curación, hicieron que sostuviéramos letreros con nombres de personas que nos hicieron daño en nuestras vidas. Es impresionante la forma en que Dios trabaja. Justo antes de irme al retiro, tuve una pelea con mi madre. Siempre sentí que nadie me quería en este mundo; que no era lo suficientemente buena como para que siquiera una madre me quisiera. Antes de este retiro, llamé a mi madre con ganas de hablar con ella y después de unos segundos por teléfono, me dijo que tenía que irse, ya que su esposo acababa de llegar a casa. En mi mente, pensé que debería hablar conmigo por un momento porque, después de todo, ella vive con él. Me hizo sentir rechazada y sacar sentimientos de la infancia. Esta pelea ocurrió justo antes de irme al retiro, y Dios me dio la oportunidad de sanar. Caminé hacia el letrero con "madre" escrito en él y simplemente le di todo mi dolor a Dios, y la esposa de mi pastor me llevó a un gran avance en ese mismo momento.

Nuestra hija mayor comenzó a salir con un hermano de nuestra iglesia. No nos preocupaba esto porque parecía estar enamorado del Señor. Estaba ayudando en la iglesia y parecía dedicado a la iglesia y a Dios. Ella tenía dieciséis años y él veintidós. Él le aseguró a su padre y a mí que iba a esperar hasta que ella tuviera dieciocho años para casarse con ella y le tomamos la palabra. Ingenuamente, me sentía orgullosa de que ellos ni siquiera se hubieran tomado de la mano, pero supe que en realidad eso no era cierto. Se casaron cuando ella tenía diecisiete años. Esto no era lo que yo quería para ella, pero estaba enamorada y no estaba dispuesta a esperar. Me preocupaba que mis otros hijos vieran esta desobediencia.

Cuando se casó, fue lo más difícil que sucedió en mi vida en mucho tiempo. Tuvimos años de amar a nuestros hijos, pero no podíamos controlar sus vidas. No poder ayudar a alguien a tomar la mejor decisión se siente tan doloroso como un corazón roto. La extrañé mucho y me sentí incompleta sin mi bebé. Todavía iban a la iglesia y todavía la veía, pero no era lo mismo. Me costó un poco de ajuste en mi corazón

y mente pasar de estar a cargo de su vida a dejarla
crecer.

Capítulo 9

"Depositen en él toda ansiedad, porque él cuida de ustedes. Practiquen el dominio propio y manténganse alerta. Su enemigo el diablo ronda como león rugiente, buscando a quién devorar" (1 Pedro 5:7-8 NVI).

Un día recibí en mi trabajo una llamada de mi hijo pidiéndome que volviera a casa. Cuando llegué allí, descubrí que mi hijo había tomado malas decisiones con algunos chicos del vecindario. Todos los niños lo estaban haciendo, dijo. Habían conseguido algunos libros de la casa de un niño y estaban haciendo las cosas del libro entre ellos. Mi hijo era el único que acababa de cumplir doce años, por lo que sería procesado por sus acciones. Cuando le pregunté por qué hizo esas cosas, me dijo que había sido abusado durante años por el hijo de mi prima. La llamé y le dije que tenía que denunciar esto. Comenzó un largo proceso para ayudar a mi hijo.

Cuando llamé a mi prima, fue por respeto, haciéndole saber que denunciaría las acciones de su hijo. Ella sabía que su hijo estaba teniendo estos problemas, pero comenzó a difundir rumores entre algunas hermanas de nuestra iglesia de que mi hijo estaba mintiendo para salirse de los problemas. Como mi familia estaba en crisis, lidiando con una situación devastadora, la gente en la iglesia difundió esos rumores falsos. A la larga tuve que pedir una orden de restricción contra esta prima porque ella no dejaba de contactarme a mí y a mis hijos mientras estábamos lidiando con la crisis.

Fui a una conferencia de mujeres mientras todo eso sucedía, no porque quisiera ir, sino porque estaba tan quebrada y, para ser honesta, muy lejos de Dios. Me comprometí a decorar y servir en la conferencia de mujeres y quería continuar con eso. Durante los servicios, muchas veces le pregunté a Dios por qué. Le dije que estaba en su casa, haciendo lo que Él quería, y le pregunté por qué dejó que eso sucediera cuando le estaba sirviendo. No escuché a Dios responder. Ésa fue la única vez que pensé en tirar la toalla sobre mi salvación.

Una hermana que conocí le pidió a la mujer que dirigía la conferencia que hablara conmigo. Me derrumbé y no pude compartir con ellos porque sabía que habían regado esos rumores sin siquiera hablarme de la situación. Le dije a esa hermana que estaba enojada con mi hijo. Estaba luchando para amarlo y no estar en su contra por lo que había sucedido. Ella dijo que necesitaba amar a mi bebé, algo que no sabía cómo hacer. Puso sus manos sobre mi cabeza y oró por mí, y también me sugirió algunos libros para que los leyera. Ella me dijo que me fuera a casa, amara a mi hijo y estuviera allí para él. Lo hice, aunque todavía era difícil amarlo.

Cuando fuimos al juzgado para hacer una declaración de lo que le sucedió, los funcionarios nos dijeron que hubo múltiples cargos de abuso contra la persona que lastimó a mi hijo. Escuché el comienzo de las preguntas que le hicieron a mi hijo, pero me pidieron que saliera de la habitación, ya que no podía soportar escuchar lo que mi dulce bebé había soportado. Pensé que lidiar con el abuso en mi contra era difícil, pero escuchar la experiencia de mi hijo fue mucho peor. Pensé en los días en que había permitido que mis hijos estuvieran en su casa. Le decía que hiciera que mis hijas durmieran en la habitación de mi prima, dejando que mi hijo sufriera todos los abusos. Es algo que tendré conmigo el resto de mi vida. Mi hijo tuvo que pasar por muchos años de tratamiento, pero sé que Dios lo usará para hablar sobre eso algún día. Dios me mostró eso en una visión.

Mientras estaba en tratamiento, lo enviaron a un profesional médico, pensando que necesitaba medicamentos. En la cita, el médico comenzó a hacer preguntas, como por ejemplo, que si mi hijo había estado en un accidente. Respondí que no, pero mi hijo recordó que mi prima había chocado un auto. El auto se incendió con ellos adentro. El médico hizo otra pregunta, y él compartió otra cosa que sucedió mientras estaba bajo el cuidado de mi prima. Al final de la cita, el médico me dijo que mi hijo tenía un trastorno de estrés postraumático por haber estado bajo su cuidado.

Más tarde descubrí por mi hija mayor que mi prima le había pedido que tomara una foto de mi prima desnuda para su amigo en la cárcel. Le pidió a una niña de trece años que le tomara fotos desnuda a cambio de una conexión gratuita a internet. Ella les dijo a mis hijos que no me lo dijeran y prometió que tampoco lo haría.

Vale la pena compartir todo esto si una persona aprende de mis errores. Les fallé a mis hijos. Por favor, no dejes que el diablo tenga una manera de llegar a tus bebés. El único en el que realmente podemos confiar es Dios. Hay un dicho que dice "Caras vemos, corazones no sabemos." Vemos los rostros de las personas, pero no podemos ver sus corazones. Tenemos que tener como mi pastor siempre dijo "ojos abiertos" amarse unos a otros, pero saber que no todo el mundo está fuera por el mejor interés de nuestros hijos, incluso si parecen hacerlo.

Mi prima vino a Seattle años antes de que esto sucediera. Ella vio que estábamos bien y ella estaba abandonando su relación y necesitaba ayuda. Mintió sobre eso y apareció con él en mi casa. Traté de ayudarlos durante muchos años. Ella y su esposo fueron bautizados en la iglesia. Todo el tiempo, él estuvo abusando de sus muchachos. Terminó en la cárcel. Ella fue a la iglesia y actuó como alguien que no era. Ésta fue la única persona con la que permití que mis hijos pasaran la noche. Confié en ella, pero aprendí una lección muy costosa.

Un día, mientras apenas lidiaba con todo eso, recibí una llamada de mi pastor que me dijo que necesitaba saber si tenía una orden de restricción contra ella. Después de haberse ido por más de un año, ella quería regresar a la iglesia. Habíamos estado sirviendo durante años en esta iglesia. Él le dijo que lo sentía, pero por el momento, no podía dejarla regresar. Con toda la información que teníamos en su contra, pensamos que se iría tranquilamente. Ella procedió a publicar el mensaje de mi pastor en Facebook. Como resultado, la gente hizo los comentarios más feos sobre mi pastor. Me dolió lo que estaba pasando para protegernos. Le dije que publicaría la verdad sobre lo que ella hizo y sobre el abuso. Él dijo que no lo hiciera. Esta fue la primera vez que experimenté a un pastor que se estaba sacrificando por su rebaño. Vi a Cristo en él y él me ayudó a ser un poco más como Cristo ese día. Si hubiera escuchado mi carne y la hubiera expuesto, me habría sentido genial por un momento. Sin embargo, cuando miramos a Cristo cargando su cruz, siendo herido y golpeado, él nunca gritó: "Oye, deja de equivocarte. Esto es injusto." En cambio, dijo: "Perdónalos, Padre."

Dediqué toda mi concentración al tratamiento y la restauración de mi familia. Muchos en mi familia me dijeron que la perdonara. Ser perdonado y amado como cristiano no significa que debemos mantener a ciertas personas en nuestras vidas. La amo y los he perdonado a ella y a su hijo. Mi deseo es que el Señor los bendiga y los sane. Sé que tienen su propio testimonio que vivir. Pero mi trabajo es proteger a mi familia y les fallé a nuestros hijos, pero no repetiré ese error.

Poco después de todo lo que sucedió, escuché a una hermana en la iglesia dar su testimonio sobre cómo fue abusada mientras sus padres estaban haciendo cosas para la iglesia y cómo se sintió decepcionada de su madre. Me afectó hasta las entrañas porque soy esa

madre que no sabía que mi hijo estaba siendo lastimado, mientras estaba yo sanando y trabajando para
Dios.

Mi niño de la edad en que comenzó el abuso

Capítulo 10

"De hecho, considero que en nada se comparan los sufrimientos actuales con la gloria que habrá de revelarse en nosotros" (Romanos 8:18 NVI).

En medio de todo lo que estaba sucediendo, mi hija estaba embarazada de una niña que llamó como mi madre. Ella me permitió entrar a la sala durante el parto. Esta era la primera vez que presenciaba un nacimiento. Fue un momento mágico; ¡soy abuela! Amo a mi nieta, y hubo muchos instantes en los que estaba lidiando con lo de mi hijo durante ese tiempo, y mi nieta era mi escape en esos momentos. Tal vez Dios la envió justo en ese momento para ayudarme a sobrellevarlo, cuando me sentía tan sola lidiando con nuestras circunstancias como familia. Me quedé todo el tiempo que mi hija y mi nieta estuvieron en el hospital, y cuando se fueron a casa, yo fui a mi casa.

Quería que se adaptaran como una nueva familia. Pero cuando volví a casa, me sentí abrumada por la tristeza, como si les hubiera dado a mi bebé. Fue extraño. La amaba mucho, pero ella no era mía; ella era de ellos.

Poco después del nacimiento, el abuso en la relación de mi hija salió a la luz. Finalmente dijo que él la golpeaba, pero no me lo dijo cuándo estaba sucediendo. Ella me lo dijo mucho después. Fue difícil porque él iba a la iglesia y actuaba normal, pero ella me decía lo contrario. Quería salvarla y sacarla de allí, pero eso no era lo que ella quería en ese momento. Ella lo amaba y quería un matrimonio victorioso. Él usó a la bebé contra mí. Si hacía algo que no le gustaba, de repente no se me permitía ver a la bebé. Hubo momentos en que yo iba a buscar a la bebé para una salida planeada, pero él no la dejaba ir.

Fui a otro retiro, y cuando regresé, vi un correo electrónico de mi hija que decía que él la había pateado. Se lo dije a mi esposo y él me dijo que llamara a la policía. Tenía miedo de denunciar a mi yerno por temor a que me quitara a la bebé. Luego, mi hijo me contó sobre abusos pasados que este hombre le hizo a mi hija de quince años, lo que me convenció de denunciarlo. Llamé a la policía y luego llamé a mi hija para hablar sobre el abuso. Fuimos a la estación de policía para presentar cargos al día siguiente. Él había intentado violar a mi hija de quince años. Esta fue una situación devastadora para nuestra familia. Todavía estamos lidiando con malos sentimientos. Este hombre huyó y salió del país, regresando años después, cuando supe dónde estaba y lo arrestaron. Se presentaron cargos en su contra y yo presioné aún más para que se registrara como delincuente sexual, pero el fiscal dijo que eso no sería posible. En la sentencia, pudimos hablar, y después de que el juez escuchó por lo que habían pasado mis hijos, mi yerno fue sentenciado y lo obligaron a registrarse como delincuente sexual y luego fue deportado. Los abogados pueden decir una cosa. Dios dice otra.

Ha habido muchos desafíos para mis hijos. Aunque Rodrigo y yo cambiamos nuestras vidas e hicimos nuestro mejor esfuerzo para ser buenos padres, todavía había un enemigo que buscaba todas las oportunidades para robar a nuestros hijos y quitarles aquello para lo que fueron hechos. Seguimos adelante, permaneciendo en la iglesia y permaneciendo en la fe. Las cosas que vinieron contra nosotros no nos impidieron trabajar para el Señor. Hubo muchas veces durante las pruebas que sufrimos donde pude haber buscado ayuda de otros, pero escuché a Dios decirme que, si iba a otros para obtener orientación y consuelo, entonces obtendría eso de otros. Pero cuando iba a

Dios, recibía su orientación y consuelo. En estas cosas que he soportado, he aprendido a poner mi vida por completo en las manos de Dios y entregarle todo a él. Mis hijos, mi matrimonio, mi vida, mi hogar, mis finanzas, todo es de Dios, para que se haga Su voluntad.

Capítulo 11

"Vivimos por fe, no por vista" (2 Corintios 5:7 NVI).

Rodrigo habló durante años de abrir un negocio. Yo tenía demasiado miedo al fracaso y lo convencí para que se quedara en su trabajo, a pesar de que vivíamos de sueldo en sueldo con los dos trabajando. Él comenzó a tener problemas en el trabajo; no lo trataban bien. Un día llegó a casa y dijo que había renunciado. Luego anunció que no iba a buscar otro trabajo, ya que quería trabajar para sí mismo. Entonces, oramos al respecto y nombramos a la empresa "Corinthians Painting." Pasamos los años siguientes construyendo esta empresa.

Trabajé duro para pagar deudas pasadas. Nunca he tenido una tarjeta de crédito, solo cuentas. Había comprado tarjetas prepagas para incluso comenzar a obtener crédito. Era difícil pagar todo eso con el único ingreso que era consistente, pero Dios proveyó. Pronto pudimos ahorrar algo de dinero y nos aprobaron un préstamo hipotecario solo sobre la base de mis ingresos. Comenzamos a buscar lo que queríamos e imaginamos una casa de doble ancho en nuestro propio terreno, algo que pudiéramos arreglar porque nos encantaba la remodelación y la restauración. Ambos deseábamos vivir por debajo de nuestras posibilidades para poder vivir en paz con nuestras finanzas. Una vez que compramos nuestra casa, el pago de las cuotas de la casa era la mitad de lo que ante pagábamos de alquiler. Ya nuestros hijos se habían ido de casa, y nuestro lugar era perfecto para nosotros. Tenía un garaje enorme para todas las decoraciones de mis eventos y nuestros suministros de trabajo. Dedicamos tiempo libre a la renovación, reutilización, elaboración y construcción para que nuestro hogar fuera cálido y acogedor. Rodrigo es un artesano y su creatividad me recuerda a Cristo, que era carpintero.

Poco después, tuve la oportunidad de realizar un viaje de misión a Tailandia. Fue una experiencia que me cambió la vida. Yendo tan lejos, especialmente para mí, una chica con miedo a volar. Me sentí bendecida de tener a nuestros pastores allí para mostrarnos los alrededores. Fuimos a muchos pueblos y orfanatos. Era un país impresionante lleno de gente hermosa con hambre de conocer a Cristo. Dimos lecciones bíblicas a los niños y los bendecimos con bolsas de regalo. Me conmovió lo poco que tenían estas personas, y sin embargo eran tan felices y amables. No conocí a nadie que fuera grosero o que estuviera de mal humor.

Había una mujer en un país vecino, Myanmar, que se nos acercó después de un servicio, buscando oración por un bebé en sus brazos que parecía estar resfriado. Podía ver la nariz mocosa del bebé, que llevaba ropa sucia y desgastada. Cuando oramos por ese bebé, también vi un gran hueco en la cabeza de la madre. Me sorprendió profundamente cómo la madre, que sufría esta lesión, estaba poniendo a su hijo por encima de sí misma para la oración. Fue una gran inspiración ver a nuestro pastor dejar todo a un lado para caminar por la fe y seguir su llamado.

También lo pasé muy bien en Tailandia, nunca he experimentado realmente unas vacaciones reales donde se puede ir y disfrutar de un lugar. Nunca había tenido hasta este punto ningún tipo de fondos que me permitieran. Fuimos a muchos restaurantes maravillosos, el mercado nocturno, degustamos tantas frutas deliciosas y platos de comida nativa. Fuimos al santuario de elefantes, luego a ver a los tigres. Me atreví a entrar con los tigres, estaba aterrorizada, pero quería vivir en el momento y disfrutar. Hice un poco de compras para la familia y amigos en casa. Estaba agradecido por esta maravillosa oportunidad primero para Dios que mi esposo y los hermanos que fueron y estaban allí.

Cuando regresé de Tailandia, no estaba contenta en mi trabajo como representante de ventas florales. Ocupé este trabajo durante catorce años. Trabajé y subí de selectora de pedidos a un puesto en la oficina. Este trabajo había bendecido mucho a la comunidad de mi iglesia con descuentos en flores, pero esos descuentos habían ido desapareciendo lentamente. Y nunca podía tomarme un descanso de octubre a mayo, lo que significaba que nunca podía ir a una convención. Durante un mes intenté superar esta urgencia por dejar mi trabajo. Empecé a pensar que Dios me estaba llamando a hacer otra cosa. ¿Alguna vez has tenido esa sensación? Años antes, estaba yendo a trabajar, y Dios me habló, diciéndome que yo tenía el propósito de ayudar a aquellos como yo. Después de eso, un hermano en la iglesia profetizó que Dios me usaría con aquellos que fueron "rechazados." Me emocioné y traté de hacer que el plan de Dios sucediera en mis términos. obligándome a trabajar en refugios, incluso tratando de abrir un refugio con algunos hermanos. Pero eso no sucedió y sabía que no era el momento de Dios.

No sabía qué pasaría, pero sabía que ya no pertenecía a mi trabajo. Poco después, tuve un accidente automovilístico al salir del trabajo, me chocaron desde atrás. Mi auto quedó destrozado y yo estaba en estado de shock. Tuve una contusión y latigazo cervical. Llamé a Rodrigo muy destrozada y él apareció en medio de la Interestatal-5 durante la hora pico para llevarme a la sala de emergencias. Después del golpe, estaba realmente herida, ansiosa y deprimida. Estar en un accidente me hizo sentir cercana a la muerte y emocional. Esta experiencia me ayudó a darme cuenta de que no podría pasar otros catorce años en un cubículo.

Hablé con mi jefa, avisándole que dejaría el trabajo y comenzaría a tiempo completo en nuestra empresa de pintura. Al principio, mi jefa no quería que me fuera y yo estaba muy conflictuada. Era una decisión difícil para mí después de haber estado en este trabajo catorce años y sentirme favorecida por el Señor en este trabajo. Pero durante los últimos ocho años había estado atrapada en un cubículo con muchas restricciones en cuanto a los días que podía tomarme. Cuando mi jefa se reunió conmigo otra vez, ella dijo las palabras que facilitaron la elección : "Si te quedas y tu esposo se convierte en ministro, no puedo dejar que te vayas para ir a la convención nacional que sostiene tu asamblea. Le envié mi aviso de renuncia por correo electrónico ese día.

Yo con los elefantes en Tailandia

Yo con los tigres en Tailandia

Yo lo estoy poniendo todo delante del Señor

Yo cantando y ministrando en un evento de mujer que creé

Yo recibiendo premio por ayudar en eventos distritales

Rodrigo y yo disfrutando de la vida juntos

Capítulo 12

Todo tiene su momento oportuno; hay un tiempo para todo lo que se hace bajo el cielo: un tiempo para nacer y un tiempo para morir; un tiempo para plantar y un tiempo para cosechar; un tiempo para matar y un tiempo para sanar; un tiempo para destruir y un tiempo para construir; un tiempo para llorar y un tiempo para reír; un tiempo para estar de luto y un tiempo para saltar de gusto; un tiempo para esparcir piedras y un tiempo para recogerlas; un tiempo para abrazarse y un tiempo para despedirse; un tiempo para intentar y un tiempo para desistir; un tiempo para guardar y un tiempo para desechar; un tiempo para rasgar y un tiempo para coser; un tiempo para callar y un tiempo para hablar; un tiempo para amar y un tiempo para odiar; un tiempo para la guerra y un tiempo para la paz. (Eclesiastés 3:1-8 NVI).

El 6 de abril de 2019, tuve la boda de mis sueños, cuando Rodrigo y yo renovamos nuestros votos; no tuvimos una ceremonia cuando nos casamos por primera vez porque no teníamos dinero. Siempre dije que quería una ceremonia de boda cuando mi hijo menor cumpliera dieciocho años y así sucedió. Tenía treinta y nueve años y Rodrigo cuarenta y dos. Llevaba un vestido blanco vintage y botas vaqueras. Escribí votos para mi esposo, le canté una canción y le conseguí un cinturón de campeonato en lugar de anillos. Ese cinturón proclama que es el mejor hombre del mundo, el mejor esposo, padre y abuelo. Fue un día mágico; mis hijos brindaron por nuestro amor y expresaron lo que nuestro matrimonio significaba para ellos. Mi madre y el padre de Rodrigo estuvieron allí. No podría haber pedido una boda más bendecida.

El mes siguiente trajo mi último día trabajando para la empresa y comencé a trabajar codo a codo con mi esposo. Me cantaba todo el tiempo mientras estábamos trabajando y recogía flores para mí de las casas donde trabajábamos. Se detenía para darme un beso cada vez que pasaba a su lado trabajando. Yo manejaba la atención al cliente y las reservas, y también trabajaba con él pintando interiores y exteriores. Me bandeaba, manejando todo excepto el rociador de pintura. Nuestra rutina se entrelazó, tomando nuestro café juntos, yendo a trabajar, almorzando, trabajando hasta tarde y volviendo a casa. Hacíamos todo juntos, lo que me permitió ver por lo que él pasa y ayudarlo y viceversa. Sabemos exactamente por lo que pasa el otro. Establecemos nuestro propio horario para eventos y vacaciones en la iglesia. Escuchamos música cristiana o predicaciones mientras trabajamos. Nos detenemos para orar. Nos encontramos con personas de las que somos testigos y compartimos nuestra historia y no tenemos prisa por volver a nuestros trabajos. Ambos tenemos una ética de trabajo dedicada y estamos agradecidos por esta oportunidad.

En el verano de 2019, Rodrigo se convirtió en ministro. Estaba tan orgullosa y asombrada de lo que Dios ha hecho en su vida. Un hombre que no asistió a un día de escuela superó ser abusado de niño, vivir en una pobreza significativa y soportar muchas otras cosas antes de ser salvado. Dios tuvo la victoria en su vida y lo mantuvo caminando por el buen camino, buscando al Señor con todo su corazón.

Como ministro, Rodrigo ha tenido oportunidades de servir de nuevas maneras. Dios lo usa de grandes maneras, es una verdadera bendición para muchos y para su familia. El año pasado fue la segunda Navidad en la que pudimos bendecir a los niños de su ciudad natal. Enviamos regalos el año anterior y este año fuimos y organizamos una gran fiesta en el pueblo, invitando a todos los que querían asistir. Alquilamos casas de brinco y trajimos juegos, manualidades y regalos. Queremos continuar bendiciendo a su familia y a otros de su pasado como testigos de ellos, compartiendo lo que el Señor ha dado y hecho por nosotros. Estamos agradecidos por esa oportunidad.

Aunque a menudo estoy demasiado ansiosa por trabajar para el Señor, Rodrigo y yo sentimos que el Señor tiene grandes planes para nosotros y es posible que no sepamos qué nos depara el futuro, pero sabemos que, si no nos preparamos activamente ahora, lo estaremos listos. Planeamos continuar asistiendo a eventos y enseñanzas cuando podamos, poniéndonos a disposición. Aprender, ayudar a los demás y escuchar siempre al Espíritu del Señor que nos guía son muy importantes. Puede ser mi testimonio en este libro que ayude incluso a una persona. Esa es mi oración.

Creemos que, porque aprendimos a dar al Señor con todo nuestro corazón, él continúa bendiciéndonos. Podemos comprar autos, comenzar a ahorrar y viajar. Hubo momentos en que no teníamos idea de dónde vendría nuestro próximo trabajo, pero Dios siempre proveyó. Otros en la misma línea de trabajo de construcción estarían sin trabajo, pero nosotros estaríamos reservados y seguiríamos trabajando. Es hermoso confiar verdaderamente en el Señor. La Biblia dice que, si los pájaros no se preocupan por el mañana, nosotros tampoco deberíamos. Rodrigo y yo estamos viviendo esa verdad. Muchas personas esperan hasta la jubilación para pasar sus días con su cónyuge, pero tengo la suerte de hacer eso ahora. Antes de renunciar a mi trabajo, recibía un cheque cada dos semanas, pero no tenía ahorros y tenía deudas de tarjetas de crédito que siempre estaba estresada por pagar. Fue difícil para mí renunciar a mis propios fondos, pero como he confiado completamente en que Dios y mi esposo me proveerán, estoy sorprendida por los resultados.

Este año iremos a Hawái de vacaciones y algunos otros lugares, y asistiremos a la convención por primera vez en diez años. Tomamos la decisión de que, cuando haya una oportunidad de participar en una actividad, retiro o evento, haremos que suceda. Ambos sentimos tanta atracción en nuestras vidas por trabajar para el Señor, por retribuir, por ayudar a otros a través de nuestro testimonio. Sabemos que ésta es solo otra temporada y estamos abiertos a lo que Dios quiera en nuestras vidas.

Ceremonia de ordenación de Rodrigo como ministro

Nuestra renovación de votos

Rodrigo consiguiendo su cinturón de campeón una sorpresa para él

Nuestra renovación de votos

Mi nieta y yo en la renovación del voto

Mi nieto en la renovación del voto

Pintar casas con mi marido

Capítulo 13

"Pero a ustedes que me escuchan les digo: Amen a sus enemigos, hagan bien a quienes los odian, bendigan a quienes los maldicen, oren por quienes los maltratan" (Lucas 6:27-28 NVI).

El año pasado, mi suegro vino a nuestra casa para la renovación de votos. Habían pasado diez años desde que falleció mi suegra y veinte años desde que había visto a su hijo, mi esposo. Al acercarnos a esta reunión padre-hijo, estaba pensando que sería un momento fabuloso que debería grabarse. Cuando mi suegro simplemente extendió la mano para darle un apretón de manos, me dolió el corazón. No puedo entender cómo un apretón de manos puede ser el saludo de un padre y un hijo después de tanto tiempo. Mi suegro terminó quedándose con nosotros. Lo llamo papá y lo trato como si fuera el padre que nunca tuve. Rodrigo trata bien a su padre, incluso después de haber sido tratado tan mal por él. Es difícil de entender, pero mi esposo es realmente un reflejo del amor de Dios.

Como he pasado tiempo con mi suegro, he notado que no pide cosas, incluso si las quiere o las necesita. Es inseguro sobre ciertas cosas y sobre sí mismo. Como soy una persona curiosa y hago muchas preguntas, le he preguntado sobre su infancia y sobre su vida. Dijo que ni una vez le dijeron "Te amo" cuando era niño, y compartió sobre el abuso que sufrió. Mientras hablamos, veo a un niño de 80 años, lastimado por el daño causado en su primera infancia. Veo una cadena de dolor, la misma cadena que probablemente estaba tejiendo la mayor parte del dolor que soporté cuando era niña. No siempre se trata de que el abusador sea malvado; es principalmente el enemigo usando a estas personas y su dolor para continuar con el dolor. Como se dice comúnmente, "las personas lastimadas lastiman a otras personas." Quiero romper esta cadena. Quiero elegir no ser una persona lastimada y trabajar en ser una persona amada para que realmente pueda amar a las personas.

Quiero que todos sepan que lo que el enemigo planea para el mal, Dios le da vuelta para bien. No siempre es fácil. Sufrí antes de dar mi vida a Cristo y sufrí después de dar mi vida a Cristo, algunos de estos daños fueron infligidos por miembros de la iglesia. El punto es que necesitamos mantener nuestros ojos en el Señor, no lo que los hermanos o hermanas hacen y dicen. El enemigo es real y utiliza muchas tácticas para arrastrar al pueblo de Dios hacia abajo, haciéndonos sentir indignos o no completamente lo que Dios nos creó para ser, pero si nos resistimos, él huirá. Debemos tomar la vida un día a la vez, y habrá altibajos. Me gusta mirar mi vida y preguntarle a Dios "para qué he sido creado" y mirando todo lo que he pasado no siento pena por mí mismo. Me siento especial y siento que mi Granny y mis abuelas me sonríen desde el cielo y me alegran de que me haya dirigido al Señor. Cada día es un don y escogió vivir mi vida creyendo en quien Cristo dice que soy

Siempre les dije a mis hijos mientras crecían que el mañana no estaba prometido, así que no deberíamos dejar una conversación con alguien de mala manera. ¿Qué pasa si esas son las últimas palabras que puedes decirles? Ámense unos a otros. Sean amables. En la mayoría de las situaciones, lo que sea que estemos pasando pasará, y mañana no sentiremos lo mismo. He aprendido a través de mi vida, y a medida que mis hijos crecen, que es egoísta de nuestra parte tener expectativas de los demás. Nadie puede estar a la altura de nuestras expectativas para ellos. Todo lo que podemos hacer es tratar a los demás lo mejor que podamos. La Biblia habla sobre amarse unos a otros y orar por nuestros enemigos. Estos comandos no siempre son para la otra persona; también son para nosotros, para que podamos estar libres de ira y dolor y podamos ser sanados.

Somos más de lo que otros piensan o dicen de nosotros. Soy una desertora de la escuela secundaria sin habilidades que valgan algo. No podía hablar mi primer idioma correctamente y ahora hablo dos. En Cristo, soy dueña y opero un exitoso negocio de pintura. Tengo un negocio de decoración, aunque ahora lo opero principalmente para eventos de la iglesia, localmente y en los eventos de la asamblea del distrito. Arreglé mi crédito, soy dueña de una casa y trabajo duro para mantener una excelente calificación crediticia. No tengo deudas en absoluto. Quiero vivir, cantar y creer esta verdad: "Soy quien Cristo dice que soy."

Lo que las personas dicen que soy	Lo que Cristo dice que soy
• Hija de un asesino	• Hija del Rey
• Fea	• Hermosa
• Rechazada	• Favorecida
• Merecedora de abuso	• Valerosa de sacrificio
• Perdedora	• Ganador
• Mala esposa	• Maravillosa esposa
• Mala madre	• Buena madre
• Mala abuela	• Buena abuela
• Drogadicta	• Liberada
• Sin educación	• Empresaria
• Inútil	• Invaluable
• Dañada	• Sanada
• Débil	• Fuerte
• Paria	• Restaurada

Pensamientos finales

"Pero él me dijo: «Te basta con mi gracia, pues mi poder se perfecciona en la debilidad». Por lo tanto, gustosamente haré más bien alarde de mis debilidades, para que permanezca sobre mí el poder de Cristo" (2 Corintios 12:9 NVI).

Muchos no entenderán cómo puedo compartir estas historias personales, y créanme, hay muchas cosas que no puedo compartir en este libro. El deseo más profundo de mi corazón es no dejar este mundo sin haber hecho nada con todo lo que he soportado. Tengo mucho más que aprender en esta vida antes de que termine mi viaje y espero poder usar el poco tiempo que tengo aquí para ayudar a otros. Deseo agradar al Señor con mi vida y hacer que sea la mejor vida que pueda. Ruego nada más que bondad por todos los que están en mi vida, por mi familia y por cualquiera que lea esto. mi oración es que abrir mi corazón de alguna manera ayudará a alguien a alguna parte.

Sería un honor que ustedes compartan mi viaje conmigo. Por favor, siéntanse libres de seguirme en las redes sociales. Solo comparto cosas positivas, mis decoraciones y la vida de la Iglesia.

Mis páginas de Facebook son:

- "Mary McAllister"
- "Corinthians Painting"
- "Christian Girls Events"
- "Pretty Proud Penny Pincher"

También estoy en Instagram como:

- "marym1979"

O envíeme un correo electrónico a:

- mary@marymcallisterministries.com
  -o-
- marymcallister1979@gmail.com

Visita mi librería: MaryMcAllisterMinistries.com

Mi oración es que este libro te haya bendecido de alguna manera. ¡Dios los bendiga a todos!